Vorwort

Dieses Buch soll Ihnen dabei helfen, Ihre Arbeit effektiver zu gestalten, indem Sie die Qualität Ihrer Entscheidungen verbessern. Was immer Ihre Ziele sind – besser planen, Probleme schneller lösen, die richtigen Mitarbeiter einstellen, Ihre Effizienz steigern, Aufgaben delegieren oder Fehler minimieren – dies alles hängt von der Fähigkeit ab, Entscheidungen zu treffen und diese effektiv umzusetzen.

Führungsqualität zeichnet sich zu einem großen Teil dadurch aus, daß man Techniken beherrscht, um die richtigen Entscheidungen fällen zu können. Um gute Entscheidungen treffen zu können, sind auch zwischenmenschliche Fähigkeiten nötig, die sich trainieren lassen. Dazu gehören Faktenfeststellung, logisches Denken, Kreativität, analytische Fähigkeiten, Einfühlungsvermögen seinen Mitmenschen gegenüber und Bestimmtheit.

Reaktionsmöglichkeiten
Ihnen stehen vier verschiedene Möglichkeiten zur Verfügung, auf Situationen zu reagieren, in denen Entscheidungen getroffen werden müssen:

- Sie können den Kopf in den Sand stecken – den Entscheidungszwang ignorieren, keine Entscheidung treffen.
- Sie können handeln, ohne zu denken – und das Erstbeste tun, das Ihnen durch den Kopf geht.
- Sie können bewußt entscheiden, nichts zu tun.

- Sie können erst dann handeln, wenn Sie genügend Informationen gesammelt und über die Sache nachgedacht haben.

Entscheidungen treffen

Dieses Buch geht auf alle Aspekte der Entscheidungsfindung ein und stellt konkrete Ansätze vor, die Ihnen dabei helfen sollen, die ersten beiden der oben genannten Alternativen – den Kopf in den Sand stecken oder handeln, ohne zu denken – zu vermeiden. Es gibt keine richtige oder falsche Art, eine Entscheidung zu treffen, es gibt nur unterschiedliche Ansätze für unterschiedliche Ausgangslagen.

Nehmen Sie sich 30 Minuten Zeit, um dieses Buch zu lesen. Selbst wenn Sie meinen, keine Minute länger Ihre Entscheidung herausschieben zu können – wenn Sie einmal den Prozeß der Entscheidungsfindung durchdacht haben, werden Sie zukünftig schnelle und kompetente Entscheidungen fällen können.

1. Die Bedeutung von Entscheidungen

Etwas zu entscheiden heißt, eine Wahl zu treffen oder zu einem Schluß zu kommen – und beides ist nicht einfach. Manchmal werden Sie sehr schwierige Entscheidungen fällen müssen: z. B. überlegen, ob ein Mitarbeiter entbehrlich geworden ist oder nicht oder ob Sie eine unbeliebte Arbeitsmaßnahme einführen. Die Fähigkeit, effektive Entscheidungen zu treffen, ist lebensnotwendig, ganz besonders für Führungskräfte gleich welcher Ebene. Das Wohlergehen – und sogar das Überleben – einer Firma hängt fast völlig von der Qualität der Entscheidungen ihrer Mitarbeiter ab.

Dieses erste Kapitel beschäftigt sich damit, was Entscheidungen sind und wie der Prozeß der Entscheidungsfindung mit der Problemlösung zusammenhängt. Darüber hinaus werden wir einen Blick auf die unterschiedlichen Arten von Entscheidungen werfen und Ihnen zu analysieren helfen, wie effektiv Ihre Entscheidungen derzeit sind.

1.1 Was ist eine Entscheidung?

Viele Entscheidungen werden im Bruchteil einer Sekunde getroffen – oft geschieht dieser Vorgang so schnell, daß wir uns dessen kaum bewußt sind. Es ist jedoch wichtig zu untersuchen, was in diesem Moment passiert und wie Sie den Vorgang verbessern können, denn Ihre Entscheidungen beeinflussen Ihre Arbeit. Die Art, wie Sie Entscheidungen treffen, hat auch Einfluß darauf, wie andere sich dem Inhalt Ihrer Entscheidung verpflichtet fühlen.

Wenn Sie eine Entscheidung fällen, befinden Sie sich an einer Kreuzung und müssen zwischen zwei oder mehreren Alternativen wählen. Jede von ihnen ist normalerweise durch verschiedene Bedingungen eingegrenzt, z.B. durch:
- die Situation, in der Sie sich gegenwärtig befinden
- die Situation, die Sie anstreben
- die verfügbaren Rohstoffe
- das, was andere Betroffene akzeptieren werden
- ihre Durchführbarkeit
- den Zeitfaktor.

Einer der wichtigsten Aspekte guter Entscheidungsfindung liegt darin, diese einschränkenden Faktoren zu erkennen und gegeneinander abzuwägen.

Ist es ein Problem oder eine Entscheidung?
Bevor wir Entscheidungen genauer unter die Lupe nehmen, sollten wir kurz die Unterschiede zwischen Problemlösung und Entscheidungsfindung untersuchen. Obwohl eng miteinander verbunden, sind die beiden Tätigkeiten doch nicht gleichbedeutend.

- Triviale Entscheidungen zu treffen, z.B. was Sie frühstücken werden, kann wohl kaum als Problemlösung bezeichnet werden.
- Zwar müssen bei den meisten Problemen auch Entscheidungen getroffen werden, doch Problemlösungen umfassen sehr viel mehr als nur die Auswahl einer passenden Alternative.

In Ihrer täglichen Arbeit werden Sie auf eine Vielzahl der unterschiedlichsten Probleme treffen, auf die Sie jeweils individuell eingehen müssen.

Dringlichkeit und Wichtigkeit
Wie Sie auf ein bestimmtes Problem reagieren, hängt häufig von seiner relativen Dringlichkeit und Wichtigkeit ab. Wenn Sie sich in einer Krisensituation befinden, wenn sich z.B. ein Unfall in Ihrem Betrieb ereignet hat, werden Sie vermutlich von sich aus eine schnelle Entscheidung treffen. Wenn Sie jedoch mit einem wichtigen, aber nicht dringenden Problem konfrontiert sind, dann werden Sie sich wahrscheinlich mit anderen beraten, bevor Sie einen Entschluß fällen.
Mit fortschreitender Zeit wird ein Problem immer dringlicher, aber nicht unbedingt wichtiger. Ein wichtiges Problem dagegen wird im Lauf der Zeit zusätzlich noch dringlicher. Daher ist es sinnvoll, ein wichtiges Problem nicht vor sich herzuschieben, sonst könnte es zu einer Krise führen.

Eine Entscheidung erfordert die Auswahl zwischen zwei oder mehr Möglichkeiten, die jeweils durch verschiedene Beschränkungen eingegrenzt sind.
Ein Problem ist sehr komplex oder schwer zu bewältigen. Probleme werden normalerweise durch Entscheidungen gelöst.

1.2 Welche Entscheidungen treffen Sie?

Als Führungsperson müssen Sie viele unterschiedliche Arten von Entscheidungen fällen – wenn Sie darüber nachdenken, werden Sie feststellen, daß Sie praktisch ständig welche treffen. Manche haben mit Ihren täglichen Aufgaben zu tun, andere sind eher langfristiger und strategischer Natur.

Operationelle Entscheidungen

Die operationelle Ebene beschäftigt sich damit, wie die unterschiedlichen Bereiche der Firma – Marketing, Produktion, Finanzen etc. – die allgemeine Firmenstrategie unterstützen können. Der Sinn von Entscheidungen auf dieser Ebene liegt darin, daß die Kunden zu einem gewünschten Zeitpunkt das erhalten, was sie wollen.

Auf der operationellen Ebene können Sie z. B. entscheiden müssen,

- wie Ihre Abteilung oder Ihr Bereich zu den langfristigen Firmenzielen beitragen kann
- wie Sie Aufgaben und Mittel verteilen, um die gewünschten Ziele zu erreichen
- wie die Arbeitslast neu organisiert werden kann, wenn einer Ihrer Mitarbeiter im Urlaub ist
- wie Sie auf Beschwerden von Kunden reagieren
- was zu tun ist, wenn sich ein Mitarbeiter regelmäßig ungerechtfertigt krank meldet
- wann und wo Arbeitstreffen veranstaltet werden und wer daran teilnehmen sollte
- wer neu eingestellt wird.

Strategische Entscheidungen

Strategie betrifft die Anpassung der Firmentätigkeiten an die Materiallage und an das Umfeld, in dem sie agiert. Entscheidungen auf dieser Ebene legen meist fest, in welchem Umfang Ihre Firma tätig wird.

Strategische Entscheidungen können notwendig werden, um

- allgemeine Richtlinien und den Kurs der Firma zu klären
- Zielsetzungen und Vorgaben der Firma sowie die Ziele einzelner Abteilungen und Mitarbeiter festzulegen
- zu planen, wie diese Vorgaben bestmöglich erreicht werden können
- zu entscheiden, welche Mitarbeiter und Materialien zur Erreichung der Ziele notwendig sind
- Arbeitsabläufe zu beobachten und neue Entscheidungen zu treffen, wenn sich die Dinge nicht wie geplant entwickeln
- zu entscheiden, wie die Firma auf Aktivitäten der Konkurrenz reagiert
- Mittel und Wege zu finden, wie die Leistung verbessert werden könnte.

Überlegen Sie, welcher Art Ihre Entscheidungen sind: Tragen Sie die ganze Last der Entscheidungsfindung allein, oder sind auch weitere Mitarbeiter beteiligt? Treffen Sie regelmäßig wiederkehrende Tagesentscheidungen bereits im Vorfeld auf eine geplante und rationale Art? Oder entscheiden Sie jede Frage in dem Moment, in dem sie auf Sie zukommt? Verlassen Sie sich auf Ihre Intuition, oder stützen Sie sich lieber auf logisches Denken, um eine angemessene Wahl zwischen mehreren Möglichkeiten zu treffen?
Ihre Entscheidungen sind für Ihre Effektivität als Manager lebenswichtig. Sie spiegeln sich in Ihrer Leistung und den erreichten Resultaten wider.

Operationelle Entscheidungen betreffen den alltäglichen Betrieb einer Firma. Sie werden im Hinblick auf ein festgelegtes Unternehmensziel getroffen. Strategische Entscheidungen dagegen bestimmen die längerfristige Firmenaktivität im Hinblick auf den Markt und die Konkurrenz.

1.3 Entscheidungsträger

Wenn man Entscheidungen den möglichen Verantwortlichen zuordnet, sortiert man letztlich nach folgenden Kriterien: Routine-, dringliche, problematische oder zu beratende Entscheidungen.

Routineentscheidungen

Dazu gehören regelmäßig wiederkehrende Entscheidungen über eine große Vielzahl an Themen. Im allgemeinen spart es Zeit, diese einer einzigen Person zu überlassen – der Führungskraft, deren Bereich am meisten von den Auswirkungen betroffen ist.
Beispiele für Routineentscheidungen sind:

- Was muß dieser Bericht enthalten, und wer erhält eine Kopie?
- Beschäftige ich mich mit den Notizen aus der Sitzung vor oder nachdem ich dem Vorstand berichtet habe?

Dringliche Entscheidungen

Manche Probleme treten plötzlich auf und können schwerwiegende Konsequenzen nach sich ziehen, wenn sie nicht sofort gelöst werden. Wieder wird sich meist ein einzelner persönlich darum kümmern und seine Entscheidung erst im nachhinein erklären oder rechtfertigen.

Beispiele für dringliche Entscheidungen sind:

- Ein Mitarbeiter ist krank – wie wird mit seiner oder ihrer zu erledigenden Arbeit verfahren?
- Der Stichtag für das Projekt wurde vorverlegt – wie können Zeitpläne überarbeitet werden, damit die Arbeit rechtzeitig fertiggestellt wird?

Problematische Entscheidungen

Problematisch sind Entscheidungen dann, wenn Schwierigkeiten aufgetreten sind, für die es keine offensichtliche Lösung gibt. Derartige Entscheidungen werden am besten von Teams oder abteilungsübergreifenden Arbeitsgruppen getroffen, die sich auf die Schwierigkeiten konzentrieren und sich von externen Experten Rat holen.

Beispiele für problematische Entscheidungen sind:

- Wie bewegen wir die Gewerkschaft zur Zustimmung zu einer neuen Arbeitsregelung?
- Ein neues Produkt verkauft sich nicht so gut wie erwartet – wie reagieren wir darauf?

Zu beratende Entscheidungen

Diese Art von Entscheidung hat Auswirkungen auf eine Vielzahl von Menschen für eine lange Zeit. Oft ist es daher wichtig, die Betroffen einzubeziehen, damit die Entscheidung von ihnen mitgetragen wird. Dies kann bedeuten, eine ganze Abteilung oder ein Team an der Entscheidung zu beteiligen oder wiederum externe Experten um Rat zu bitten.

Beispiele für zu beratende Entscheidungen sind:

- Die tägliche Arbeitszeit soll verlängert werden, damit die Mitarbeiter am Freitag früher nach Hause gehen können. Wird diese Regelung befürwortet werden?
- Die Firma möchte ein Rundschreiben veröffentlichen. Was interessiert die Leute?

Die Einteilung in diese vier Entscheidungskategorien ist in gewissem Maß variabel und hängt von den besonderen Umständen der jeweiligen Entscheidung ab.

Wer eine Entscheidung treffen sollte, hängt vor allem davon ab, um welche Art von Entscheidung es sich handelt. Routine- und dringliche Entscheidungen werden am besten von Einzelpersonen getroffen, problematische und zu beratende Entscheidungen von einer Gruppe gefällt.

1.4 Programmatische und nicht-programmatische Entscheidungen

Eine andere Möglichkeit, Entscheidungen zu klassifizieren, liegt in der Unterscheidung zwischen programmatischen und nicht-programmatischen.

Programmatische Entscheidungen

Sie sind relativ unbedeutend oder wiederholen sich häufig, und es gibt Prozeduren oder vorgefertigte Kriterien, anhand derer entschieden wird. Die Risiken sind eher

gering, daher können solche Entscheidungen leichter delegiert werden. Beispiele hierfür wären der richtige Zeitpunkt für die Nachbestellung von Rohmaterialien oder zu überprüfen, ob ein Produkt einem Standard entspricht.
Programmatische Entscheidungen werden üblicherweise weiter unten in der Firmenhierarchie gefällt. Die Leute, die sie treffen, haben nur wenige Alternativen.

Nicht-programmatische Entscheidungen
Sie sind neuartig, wiederholen sich nicht, und die mit ihnen verbundenen Risiken sind hoch. Sie treten in ungewöhnlichen oder schlecht definierten Situationen auf; es gibt viele mögliche Handlungsverläufe. Beispiele hierfür sind, wie Sie mit verstärkt auftretendem Diebstahl umgehen oder Überlegungen, ob die Firma in einen neuen Markt expandiert. Üblicherweise werden sie auf einer höheren Managementebene getroffen.

Programmatische Entscheidungen können nach feststehenden Kriterien gefällt und daher gut delegiert werden. Nicht-programmatische Entscheidungen dagegen sind schwer zu strukturieren und werden daher am besten auf höherer Führungsebene getroffen.

1.5 Entscheidungen beurteilen

Entscheidungen enthalten eine Verpflichtung zum Handeln, und der schwierigste Teil besteht in echtem Engagement. Sie wissen, daß Sie eine Entscheidung getroffen haben, wenn diese direkt eine Handlung nach sich zieht – und diese Aktion auszuführen, ist oft einfacher als die Entscheidungsfindung selbst. Obwohl es wichtig ist, genau zu reflektieren, an welche Art von Entscheidung Sie herangehen – und so zu wissen, welche Mittel Sie einsetzen –, dürfen Sie nicht ewig über einer Entscheidung brüten. Forschungsergebnisse zeigen, daß die erfolgreichsten Manager diejenigen sind, die schnelle Entscheidungen fällen können – und zwar nicht, da sie unreflektiert handeln, sondern weil sie sich über Bedeutung und Zielsetzung im klaren sind.

Auswirkungen bedenken

Ihre Entscheidungen betreffen die Mitarbeiter in Ihrer Abteilung, sie können sogar einen Welleneffekt haben und Wirkung innerhalb der Firma oder darüber hinaus zeigen. Desgleichen können die Entscheidungen anderer Folgen für Sie haben. Der gesamte Prozeß ist extrem komplex. Selbst wenn die Auswirkungen einer Entscheidung einige Zeit später spürbar geworden sind, ist es oft unmöglich festzustellen, ob eine Entscheidung „gut" oder „schlecht" war. Gerade wenn Sie das Beste aus einer Situation machen wollen, benötigen Sie eine ganze Wagenladung an Fähigkeiten – von logischem Denken über Risikoanalyse bis zu Kreativität und Intuition.

Die richtige Entscheidung gibt es nicht

In diesem Kapitel haben wir damit begonnen, einige der Faktoren aufzuzeigen, die an der Entscheidungsfindung beteiligt sind. Das Problem ist jedoch, daß es oft keine allgemein gültige „richtige" Entscheidung gibt. Es können mehrere Optionen bestehen, und wir müssen all unsere analytischen Fähigkeiten und Managementtricks anwenden, um die beste oder harmloseste auszuwählen. Noch komplizierter wird das Ganze dadurch, daß Entscheidungen Teil eines viel größeren Prozesses sind, der unter anderem aus Informationsbeschaffung, Optionengenerierung und Risikoanalyse besteht.

Entscheidungen bestimmen die Geschicke Ihrer Firma, denn sie münden in konkrete Handlungen, die weitreichende Konsequenzen haben können.

- ***Analysieren Sie die Ausgangssituation und bestimmen Sie, was Sie erreichen möchten.***
- ***Überlegen Sie, welche Art von Entscheidung Sie treffen müssen (operationell, strategisch, Routine, dringlich etc.).***
- ***Legen Sie fest, ob Sie die Entscheidung allein oder in der Gruppe treffen.***

Checkliste: Wie effektiv sind Ihre Entscheidungen?

Da viele Fähigkeiten bei der Entscheidungsfindung gefordert sind, beherrschen Sie manche sicherlich bereits gut, an anderen müssen Sie noch arbeiten. Anhand der Checkliste auf Seite 20 können Sie leicht herausfinden, wo Ihre Schwächen liegen. Kreuzen Sie in der entsprechenden Spalte an, was auf Sie zutrifft. Die Auswertung auf Seite 21 sagt Ihnen, welchen Einzelaspekten Sie mehr Beachtung schenken sollten.

	Häufig	Gelegentlich	Nie
1. Ich wende die jeweils angemessene Methode an, um eine Entscheidung zu treffen.	☐	☐	☐
2. Ich beziehe meine Mitarbeiter mit ein, wann immer es die Situation erfordert.	☐	☐	☐
3. Ich überlege im Vorfeld, was die Entscheidung bewirken soll.	☐	☐	☐
4. Ich sammle alle Informationen, die ich für eine wichtige Entscheidung benötige.	☐	☐	☐
5. Ich kann logisch denken und weiß, wann dies erforderlich ist.	☐	☐	☐
6. Ich kann kreativ denken, wenn es die Situation erfordert.	☐	☐	☐
7. Ich wäge alle Optionen auf effektive Weise ab und wähle die passendste aus.	☐	☐	☐
8. Ich stelle sicher, daß alle, die von einer Entscheidung betroffen sind, informiert werden.	☐	☐	☐
9. Ich überprüfe, ob eine Entscheidung die gewünschten Resultate liefert.	☐	☐	☐
10. Ich gebe zu, daß die Entscheidung falsch war, wenn sie sich als schlecht erweist.	☐	☐	☐

Auswertung

Schnelle oder bedeutsame Entscheidungen zu treffen ist schwer – wahrscheinlich sogar die größte Herausforderung in Ihrer Rolle als Führungsperson. Dieses Buch wird Ihnen dabei helfen, effektivere Entscheidungen zu fällen.

Wenn Sie „gelegentlich“ oder „nie“ angekreuzt haben bei:

- Frage 1 oder 2 – sehen Sie sich besonders gut Kapitel 2 an, das die unterschiedlichen Möglichkeiten behandelt, Entscheidungen zu fällen.
- Frage 3 oder 4 – sehen Sie sich besonders gut Kapitel 3 an, in dem Zielsetzungen und Informationsbeschaffung beschrieben werden.
- Frage 5 oder 6 – sehen Sie sich besonders gut Kapitel 4 an, in dem es um das Generieren von Optionen bei der Entscheidungsfindung geht.
- Frage 7, 8, 9 oder 10 – sehen Sie sich besonders gut Kapitel 5 an; dort erfahren Sie mehr über die Auswertung von Optionen und die Umsetzung von Entscheidungen.

2. Arten der Entscheidungsfindung

Ist Ihnen bewußt, welchen Einfluß Ihr Führungsstil auf Ihre Entscheidungen hat? *Seite 23*

Kennen Sie Ansätze zur Entscheidungsfindung, und wissen Sie, welchen Sie wählen sollten?
Seite 25

Wissen Sie, wann Sie Ihrer Intuition vertrauen können?
Seite 30

Eine Schlüsselfähigkeit bei der Entscheidungsfindung ist zu wissen, wer die Entscheidung treffen soll. Traditionellerweise haben Führungskräfte die Befugnis übernommen, Entscheidungen alleine zu treffen und sie zur Umsetzung nach unten weiterzureichen. Mittlerweile achten erfolgreiche Firmen häufig darauf, daß problematische oder im größeren Kreis zu beratende Entscheidungen von den entsprechenden Arbeitsgruppen getroffen werden. Entscheidungen, die von den falschen Leuten zur falschen Zeit auf die falsche Art und Weise getroffen werden, können bei der Umsetzung verheerende Folgen haben.

2.1 Ihr Führungsstil

Die Art, wie Sie Entscheidungen fällen, hängt zu einem großen Teil davon ab, wie Sie andere einschätzen. Die Untersuchungen des Verhaltenspsychologen Douglas McGregor zeigen, daß Ihr Verhalten den Mitarbeitern gegenüber eine große Auswirkung darauf hat, bis zu welchem Maß Sie in der Lage sind, Entscheidungen zu delegieren. McGregor fand heraus, daß es diesbezüglich zwei Gruppen gibt, und entwickelte daraus zwei Theorien: Theorie X und Theorie Y.

Die Vertreter von Theorie X sind generell der Meinung, daß die meisten Leute
- faul sind und harte Arbeit nicht mögen
- kontrolliert, geführt und mit Bestrafung bedroht werden müssen, bevor sie sich überhaupt anstrengen

- Anleitung wünschen und Verantwortung um jeden Preis meiden.

Manager mit dieser Denkart werden wahrscheinlich alle Entscheidungen selbst treffen, Befehle erteilen und Strafe androhen.

Dahingegen glauben die Vertreter von Theorie Y, daß die Leute

- physische und mentale Herausforderungen gerne annehmen
- sich selbst anleiten und kontrollieren werden, wenn sie etwas erreichen wollen
- unter den richtigen Voraussetzungen Verantwortung akzeptieren und suchen werden
- zumindest zum größten Teil Vorstellungskraft, Kreativität und Genialität besitzen und diese Fähigkeiten auch nutzen möchten.

Manager dieser Gruppe werden wahrscheinlich die betroffenen Mitarbeiter in den Entscheidungsprozeß einbeziehen. Sie delegieren die Verantwortung für Entscheidungen an die niedrigst mögliche Stufe der Firmenhierarchie.

Geben Sie Verantwortung ab!

McGregor fand heraus, daß Anhänger der Theorie Y durchweg bessere Ergebnisse erzielen als die der Theorie X. Theorie Y betrachtet andere meist eher positiv und fördert Verantwortungsbewußtsein und Vertrauen. Theorie X neigt dagegen dazu, Barrieren aufzubauen, da sie versucht, Fügsamkeit durch Führung und Kontrolle herzustellen, und die Leute davon abhält, Verantwortung für ihr Handeln zu übernehmen.

Die Einstellung der meisten Leute ist eine Mischung aus X und Y – einen reinen „X-“ oder „Y-Manager“ dürfte es nur selten geben . Dennoch: wenn der Hauptteil Ihrer Ansichten in die Kategorie der Theorie X paßt, sollten Sie überlegen, ob Sie mit Ihrem Führungsstil Ihre Mitarbeiter nicht davon abhalten, ihr volles Potential zu entfalten.

Man kann, grob gesprochen, zwei Führungsstile unterscheiden, die Auswirkung auf die jeweilige Entscheidungsfindung haben: Der Manager X ist überzeugt, daß seine Mitarbeiter alle nicht mitdenken und Anweisung brauchen. Führungskraft Y dagegen gibt ihren Mitarbeitern Eigenverantwortung und glaubt an deren Können.

2.2 Ansätze zur Entscheidungsfindung

Die zwei wichtigsten Vorgehensweisen bei der Entscheidungsfindung sind eng an McGregors X- und Y-Theorie geknüpft.

- Der autoritäre Ansatz: Manager beanspruchen für sich die Autorität, Entscheidungen zu treffen und sie zur Umsetzung nach unten weiterzureichen.
- Der demokratische Ansatz: Die Führungskraft überträgt ihren Mitarbeitern einen Teil der Entscheidungsfindung.

Zwischen diesen beiden Extremen liegt eine ganze Reihe an Prozessen, bei denen der Manager die Entscheidung dem Team „verkauft“ oder sich mit ihm beratschlagt, bevor er entscheidet. Mitarbeiter können auf vielfältige Weise beteiligt werden – man kann nur ihre Zustimmung einholen oder aber ausführlich über einen Vorschlag mit ihnen diskutieren.

Entscheidungsfindung – von autoritär bis demokratisch
Die folgende Auflistung zeigt eine Auswahl von Ansätzen zur Entscheidungsfindung, die häufig angewendet werden. Sie basiert auf den Untersuchungen von Tannbaum und Schmidt (aus: Harvard Business Review, 1973) und ist linear angeordnet – von autoritärem zu demokratischem Stil. Je höher die Autorität des Managers, desto weniger Freiheit hat der Mitarbeiter bei der Entscheidungsfindung.

- Der Manager trifft seine Entscheidungen allein und verkündet diese.
- Der Manager verkauft dem Team die Entscheidung.
- Der Manager stellt seine Idee vor und befürwortet Fragen.
- Der Manager stellt eine vorläufige, noch zu ändernde Entscheidung vor.
- Der Manager legt ein Problem dar, erhält Vorschläge vom Team und trifft dann die Entscheidung.
- Der Manager definiert die Eckdaten und bittet dann das Team, die Entscheidung zu fällen.
- Der Manager erlaubt dem Team, Entscheidungen innerhalb vorgegebener Grenzen zu treffen.
- Der Manager läßt seinen Mitarbeitern volle Entscheidungsfreiheit.

Welchen Ansatz auch immer Sie vorziehen – entscheidend ist, wie eine Entscheidung von Ihren Mitarbeitern akzeptiert wird. Selbst wenn Sie einen autoritären Ansatz vorziehen, müssen Sie Ihre Mitarbeiter vom Wert Ihrer Entscheidung überzeugen. Gelingt Ihnen das nicht, erhalten Sie möglicherweise nicht die Unterstützung, die erforderlich ist, damit Ihre Entscheidung gute Resultate bringt.

Die Wahl des richtigen Ansatzes

Alle genannten Ansätze haben ihre Berechtigung. Die Kunst ist, den Stil entsprechend der jeweiligen Aufgabe auszuwählen. Eine Situation mag einen autoritären Ansatz erfordern, bei der nächsten Gelegenheit führt dagegen nur eine demokratische Entscheidungsfindung zum Erfolg. Berücksichtigen Sie die Vor- und Nachteile der beiden Extreme:

- Manager mit einem autoritären Stil treffen Entscheidungen meist schnell und halten die Mitarbeiter frei für andere Aufgaben, sie nutzen jedoch nicht die ganzen Fähigkeiten des Teams.
- Manager, die Entscheidungen auf demokratische Weise fällen, bestärken Teammitglieder in ihrer Eigenverantwortung, doch ist dieser Prozeß oft langwierig und mühsam.

Da eine gut funktionierende Kommunikation in einem Team von großer Bedeutung ist, sollten Sie bei vielen Arbeitsthemen freie Diskussionen anregen und unterstützen. Dennoch hängt das Maß, wie stark Sie andere bei der Entscheidungsfindung beteiligen, oft von der zu entscheidenden Sache ab. Disziplinarische Themen oder Situationen, in denen Sie Ihre persönliche Meinung oder Autorität geltend machen müssen, zu diskutieren, ist sicher nicht sinnvoll.

In der Praxis werden Sie kaum nur eine Art der Entscheidungsfindung anwenden, sondern – je nach Anlaß – entscheiden, wie Sie vorgehen. Es gibt keinen „richtigen“ oder „falschen“ Ansatz, um Entscheidungen zu treffen – wichtig ist, daß Sie Ihre Mitarbeiter motivieren und deren Engagement wecken.

Inwieweit Sie Ihre Mitarbeiter bei der Entscheidungsfindung beteiligen, sollte von der jeweiligen Situation abhängen. Grundsätzlich gibt es zwei Extreme: Sie treffen Ihre Entscheidung vollkommen autoritär und teilen Ihren Mitarbeitern mit, was sie zu tun haben, oder Sie ziehen sich vollkommen zurück und lassen die Gruppe entscheiden.

2.3 Reflektierte Entscheidungen

Um gute Entscheidungen treffen zu können, müssen zunächst die Ausgangsbedingungen durchdacht werden. Leider vernachlässigen viele diesen Grundsatz, weil sie sich unter Druck gesetzt fühlen und glauben, eine Entscheidung im Handumdrehen treffen zu müssen.

Es gibt darüber hinaus weitere Barrieren:
- Emotionales Interesse: Halten Sie Ihre Emotionen zurück, da diese Ihr Urteilsvermögen vernebeln könnten.
- Nähe zur Entscheidung: Sie haben eine objektivere Sicht auf die Dinge, wenn Sie einen Schritt zurücktreten und sie mit Abstand betrachten.

- Zeitmangel: Wenn Sie den Eindruck haben, schlechte Entscheidungen zu treffen, weil Sie in Eile sind, dann sollten Sie Ihre Prioritäten noch einmal genau überdenken.
- Druck von anderen: Sie glauben, daß andere von Ihnen Entschlußfreudigkeit und schnelles Handeln erwarten. Sie erwarten aber vor allem einen guten Entschluß – und das bedeutet, die Sachlage sorgfältig abzuwägen.

Anregungen von anderen
Konzentriert über ein Problem nachzudenken ist ein wenig wie Sport zu treiben: es kommt einem besonders schwierig vor, wenn man außer Form ist. Je öfter man jedoch trainiert, desto leichter wird es.

Oft ist es schwierig, klar zu denken, wenn man um seine eigenen Ideen kreist. Deshalb empfehlen wir, so weit wie möglich andere Leute in diesen Prozeß einzubeziehen. Sich mit Leuten zu unterhalten, Ideen an ihnen zu testen, ist eine große Denkhilfe, denn jemand, der nichts über ein bestimmtes Thema weiß, sieht dieses meist in einem völlig anderen Licht. Zudem wird Ihnen eine Diskussion oft dabei helfen, Ihre Sicht der Dinge zu ändern und Probleme neu einzuordnen.

Durch und durch reflektierte Entscheidungen zu treffen ist schwer, da man sich oft unter Zeitdruck gesetzt fühlt. Wenn Sie jedoch nie Zeit haben, Ihre Entscheidungen zu durchdenken, stimmen Ihre Rahmenbedingungen nicht.

2.4 Intuitive Entscheidungen

Bei aller Betonung von Vernunft und Logik vergißt man beim Entscheidungsprozeß leicht die Intuition – dieses leise Gefühl, das uns sagt, wann eine Sache richtig abläuft, obwohl wir nicht erklären können, warum. Diejenigen, die lieber auf ihre Intuition verzichten, enthalten sich selbst dadurch eine mächtige Quelle der Einsicht vor, die der Entscheidungsfindung äußerst hilfreich sein kann. Da der diskutierte Vorgang so komplex ist, bedarf er sowohl der Vernunft als auch der Intuition zu unterschiedlichen Gelegenheiten.

Intuition: verinnerlichte Erfahrung
Intuition, manchmal auch als Instinkt oder innere Stimme bezeichnet, kann uns einen Sachverhalt ohne offenbare rationale Überlegung oder Begründung sofort verständlich machen. Intuition stützt sich fast immer auf bestehende Erfahrungen.

Die Intuition zulassen
In unserer Kultur wurde uns beigebracht, die rationale, logische Seite unseres Charakters zu fördern und die intuitive Seite abzuwerten oder gar zu unterdrücken. Tieren gestehen wir die Fähigkeit instinktiven Handelns zu, doch fällt es uns schwer zuzugeben, daß Menschen Dinge wissen können, die weit über ihr rationales Denkvermögen hinausgehen. Wenn wir zulassen, auch auf unsere Intuition zu hören und ihr zu vertrauen, werden wir mit wertvollen Impulsen bei der Entscheidungsfindung belohnt.

Die Macht der Intuition zu nutzen bedeutet nicht, daß Sie Ihr Denken ignorieren oder ausschalten sollen. Ihr Intellekt ist ein sehr nützliches Werkzeug, das Ihre intuitive Einsicht unterstützen und erweitern sollte, anstatt sie zu unterdrücken. Eine Mischung aus Intuition und rationalem Denken führt sicherlich zu den besten Ergebnissen.

Jede Entscheidungsfindung erfordert ein anderes Vorgehen. Beurteilen Sie die Ausgangssituation, und versuchen Sie abzuschätzen, welche Schritte Sie zunächst unternehmen. Wählen Sie bewußt den Ansatz, der den jeweils größten Erfolg verspricht.

- *Ihr genereller Führungsstil beeinflußt, wie Sie an Entscheidungen herangehen: Geben Sie Verantwortung ab, oder glauben Sie, alles selbst tun zu müssen?*
- *Eine Mischung aus autoritärem oder demokratischem, reflektiertem oder intuitivem Ansatz – in unterschiedlicher Zusammensetzung je nach Situation – führt zum Erfolg.*

3. Schritt für Schritt zur Entscheidung

Kennen Sie die Phasen, die bei jeder Entscheidungsfindung sinnvoll sind? *Seite 33*

Können Sie kurz- und langfristige Ziele für sich definieren? *Seite 36*

Wissen Sie, wie und woher Sie alle nötigen Informationen bekommen? *Seite 41*

Wenn Leute schlechte Entscheidungen getroffen haben, liegt das meist daran, daß sie im Vorfeld nicht alle notwendigen Informationen gesammelt oder die Folgen ihrer Entscheidung nicht genügend durchdacht haben. Kurz gesagt, sie waren in ihrem Vorgehen nicht systematisch. Wer dagegen methodisch vorgeht, wird Erfolg haben. Es gibt Techniken, um das Denken zu strukturieren und bessere Entscheidungen zu treffen.

In diesem Kapitel werden wir zunächst einen Fünf-Schritte-Ansatz behandeln, wobei ein besonderes Augenmerk auf den ersten beiden Schritten – Ziele festlegen und Informationen sammeln – liegt.

Ein systematischer Ansatz

1. Zielvorstellungen festlegen: An dieser Stelle müssen Sie den Zweck der Entscheidung definieren und sich überlegen, welches Ergebnis oder Ziel letztendlich erreicht werden soll. Achten Sie darauf, daß Ihre Zielvorstellungen mit dem Gesamtziel der Firma in Einklang stehen.
2. Informationen sammeln: Ziehen Sie alle Aspekte, die mit Ihrer Entscheidung im Zusammenhang stehen, in Ihre Überlegungen mit ein.
3. Mögliche Lösungen erarbeiten: Es ist wichtig, alle Optionen in Betracht zu ziehen – manche sind offensichtlich, andere müssen logisch erarbeitet werden, andere wiederum benötigen eine kreativere Herangehensweise.
4. Optionen auswerten: Prüfen Sie genau, inwiefern die einzelnen Alternativen Ihre Zielvorstellungen erfüllen könnten.

5. Auswahl der besten Option: Durch den vorhergehenden Vergleich können Sie sich für die beste Option entscheiden. Dabei helfen Ihnen verschiedene Techniken (vgl. Seite 59).

Auf die Schritte 1 und 2 gehen wir später in diesem Kapitel ein. Schritt 3 wird in Kapitel 4 (vgl. Seite 44) erläutert, Schritt 4 in Kapitel 5 (vgl. Seite 58).

Schwierigkeiten bei der Entscheidungsfindung

Nachher ist man immer klüger. Wenn die Dinge schiefgegangen sind, erkennen wir rückblickend oft, was wir anders hätten machen sollen. Bemerkungen wie die folgenden zeigen, daß eine Entscheidung nicht systematisch erarbeitet wurde:

- „Das Problem ist, daß ich die Dinge oft nicht genügend durchdenke, bevor es ans Eingemachte geht."
- „Erst nachher habe ich erkannt, daß ich das falsche Problem gelöst habe."
- „Ich habe mir derartige Sorgen über die Entscheidung gemacht, daß ich mir nicht überlegen konnte, was es zu tun gilt."
- „Ich habe auf der Grundlage zu weniger Informationen gehandelt."
- „Ich habe es verpaßt, mir über die Reaktionen der anderen zu meiner vorgeschlagenen Entscheidung Gedanken zu machen."
- „Ich bin so lange nicht zu Potte gekommen, daß es, nachdem ich die Entscheidung getroffen hatte, zu spät war."

Kommentare wie diese verdeutlichen die beiden verbreitetesten Probleme der Entscheidungsfindung: überstürztes oder zu langsames Handeln.

Wenn Entscheidungen zu schnell getroffen werden

Um Entscheidungen erfolgreich und folgerichtig zu fällen, lohnt sich ein methodischer und systematischer Ansatz. Wenn Sie dagegen auf eine Entscheidung zuhasten, laufen Sie Gefahr,

- keine Zielvorstellungen zu erkennen. Den Zweck der Entscheidung nicht zu definieren bedeutet, daß der gesamte Prozeß an fehlender Fokussierung leidet. Es ist schwer, ein Ergebnis zu erzielen, wenn Sie nicht wissen, wie dieses aussehen soll.
- einen eingeengten Blickwinkel einzunehmen. Sie werden effektive und sinnvolle Alternativen nicht erkennen, wenn Sie nicht genügend breitgefächert, logisch und kreativ nachdenken.
- die Möglichkeiten unangebracht zu bewerten. Sie treffen schnell eine falsche Entscheidung, wenn Sie sich nicht die Zeit nehmen, jede einzelne Option auf das Genaueste abzuwägen.

Sind Sie unentschlossen oder treffen eher langsam eine Entscheidung, kann dies ein Zeichen dafür sein, daß Sie ungern Position beziehen. Steuern Sie dem entgegen, indem Sie alle Möglichkeiten und alle denkbaren Konsequenzen in Betracht ziehen.

Mangelhafte Entscheidungsfindung kann frustrierend wirken, Geld verschwenden, die Moral und das Engagement senken und eine mangelhafte Leistung zur Folge haben. Daher sollten Sie methodisch vorgehen. Das mag sich mühselig anhören, wird aber durch Übung schnell zur Gewohnheit. Letztendlich werden Sie feststellen, daß Sie die Schritte durchlaufen, ohne bewußt darüber nachdenken zu müssen.

Die meisten Entscheidungen, die sich im nachhinein als falsch herausstellen, wurden überstürzt oder zu langsam getroffen. Gehen Sie daher jede Entscheidungsfindung mit einem Fünf-Schritte-Ansatz an: Ziele festlegen, Informationen sammeln, mögliche Lösungen erarbeiten, die einzelnen Optionen vergleichen – und sich schließlich für die beste Option entscheiden.

3.1 Zielsetzungen festlegen

Der wichtigste Schritt überhaupt besteht darin, daß Sie sich über Ihre Zielsetzungen klar werden. Ihre Aufgabe wird sehr viel einfacher, wenn Sie sich einmal auf ein konkretes Ziel konzentriert haben und entscheiden können, wie Sie dorthin gelangen.
Zwei Zielsetzungen sind zu unterscheiden:

- Langzeitziele – was Sie längerfristig erreichen wollen
- kurzfristige Zielsetzungen – was Sie mit einer bestimmten Entscheidung erreichen wollen.

Langzeitziele festlegen
Die Entscheidung, die Sie letztendlich treffen, wird zu einem Großteil von Ihren längerfristigen Zielvorstellungen beeinflußt werden.

- Bei einer strategischen Entscheidung müssen Sie in jedem Fall die strategischen Gesamtziele der Firma benennen oder klären. Beispiel für ein Firmenziel könnte sein, sich bei der Einschätzung und Befriedigung von Kundenbedürfnissen hervorzutun.

- Bei einer Entscheidung, die eine Abteilung oder ein Team betrifft, müssen Sie deren Ziele berücksichtigen. Beispiel für ein Langzeitziel einer Verkaufsabteilung könnte sein, die höchsten Maßstäbe beim Kundendienst zu erfüllen, indem der Kunde mit den richtigen Produkten der richtigen Qualität zur richtigen Zeit am richtigen Ort zum richtigen Preis bedient wird.
- Bei einer Entscheidung, die Sie oder jemand anderen persönlich betrifft, müssen Sie die entsprechenden länger- oder mittelfristigen Ziele in die Überlegung einbeziehen. Beispiel für das Langzeitziel eines Individuums könnte sein, dazu beizutragen, Beschwerden zu minimieren, indem man auf den Kunden noch besser und gezielter eingeht.

Was wollen Sie erreichen?

Langzeitziele stellen eine Herausforderung dar und geben eine einheitliche Richtung für die Aktivitäten verschiedener Menschen vor. Sie bieten Gelegenheit, die Zukunft zu formen. Zu wissen, was die Langzeitziele sind, gibt Ihnen Klarheit, um innerhalb der Ihnen zugewiesenen Verantwortlichkeit fundierte Entscheidungen zu treffen. Dann können Sie:

- Probleme aus der angemessenen Perspektive heraus betrachten
- genau überlegen, auf welchem Weg Sie Ihre Ziele erreichen wollen
- Ihre Anstrengungen gezielt und sinnvoll einsetzen
- mit diesem Zielbewußtsein Probleme lösen
- damit aufhören, sich in unwichtige und unproduktive Unternehmungen zu verstricken.

Kurzfristige Ziele festlegen
Indem Sie sich über Ihre unmittelbaren Ziele im klaren sind, können Sie konkreter festlegen, was Sie mit einer bestimmten Entscheidung erreichen wollen. Möglicherweise sind Ihre Ziele nicht dieselben wie die Ihrer Kollegen oder Ihres Vorgesetzten. Stimmen Sie zunächst Ihre Ziele untereinander ab, damit Ihre Aktionen sich nicht gegenseitig behindern oder aufheben.

Zu Beginn jeder Entscheidungsfindung müssen Sie die Ziele festlegen. Unterscheiden Sie zwischen langfristig und kurzfristig anzustrebenden Ergebnissen, die sich natürlich gegenseitig unterstützen sollten.

3.2 Informationen sammeln

Um systematisch vorzugehen, sollten Sie sich in einem zweiten Schritt alle Informationen beschaffen, die Ihnen bei der Erfüllung der angestrebten Ziele helfen. Damit eine Information sinnvoll ist, sollte sie:

- relevant sein. Unwichtige Informationen verschwenden Zeit, verschleiern wichtige Fakten, verstopfen Informationskanäle und erhöhen die Verwaltungskosten.
- detailliert genug sein. Bei strategischen Entscheidungen benötigen Sie nicht viele Details – Sie müssen vielmehr einen Zusammenhang erkennen können. Bei einer umfassenderen Entscheidung, die z.B. eine Abteilung betrifft, werden Sie wahrscheinlich auf mehr Details angewiesen sein.

- genau sein. Mit ungenauen Informationen können Sie keine guten Entscheidungen fällen. Dennoch müssen Sie den Aufwand, den die Beschaffung exakter Informationen erfordert, gegen den zu erwartenden Nutzen abwägen.
- vollständig sein. Ebenso wie Genauigkeit kann Vollständigkeit nur relativ gesehen werden. Es wäre wenig sinnvoll, eine lebenswichtige Entscheidung aufzuschieben, weil die erforderlichen Informationen noch nicht vollständig sind. Man muß immer abwägen zwischen dem, was verfügbar ist, und dem, was wünschenswert ist.
- rechtzeitig verfügbar sein. Informationen sind nur dann sinnvoll, wenn sie den Entscheidenden erreichen, bevor die Entscheidung gefällt wird. Mit einer Information zu arbeiten, die nicht ganz genau ist, mag daher besser sein, als lange Zeit auf eine völlig präzise Information zu warten.

Informationen selektieren

Informationsbeschaffung unterliegt normalerweise dem Gesetz der fallenden Profitrate: Zunächst erhalten Sie innerhalb kurzer Zeit viele brauchbare Informationen, aber dann wird es immer schwieriger, für die anstehende Entscheidung relevante Fakten aufzuspüren. Obwohl es sicherlich erstrebenswert ist, soviel wie möglich herauszufinden, werden Zeit und Mittel Ihnen nicht erlauben, jedes winzige Detail zu einem Thema zu betrachten. Statt jeden Stein umzudrehen, müssen Sie selektiv vorgehen. Der Nutzen mancher Informationen mag den Zeit- und Energieaufwand nicht wert sein, den ein Zusammentragen bedeuten würde.

Die Fragen „warum“, „wer“, „was“, „wann“, „wo“ und „wie“ haben sich als sinnvoll erwiesen, um sicherzustellen, daß Sie sich alle Informationen beschafft haben, die Sie für die Entscheidungsfindung benötigen. Stellen Sie in jeder Phase des Entscheidungsprozesses Fragen.

Fragewort	Beispielfrage
Warum?	Warum taucht diese Situation oder dieses Problem auf? Warum müssen wir eine Lösung finden?
Wer?	Wer ist betroffen? Wer sollte an der Entscheidung beteiligt werden?
Was?	Was für einen Zusammenhang gibt es zwischen den Fakten und der Entscheidung?
Wann?	Wann trat das Problem oder Thema auf? Bis wann müssen wir zu einer Entscheidung gekommen sein?
Wo?	Wo trat das Problem auf? Welches Gebiet ist davon betroffen?
Wie?	Wie kann man herausfinden, ob die Informationen relevant sind? Wie können wir sie erhalten?

In einem zweiten Schritt sollten Sie alle Informationen sammeln, die Sie brauchen, um die Ausgangslage und mögliche Lösungen beurteilen zu können.
Versuchen Sie einen Mittelweg zu finden zwischen der Genauigkeit einer Information und dem Aufwand, sie zu beschaffen.

3.3 Informationsarten

Je nach anstehender Entscheidung gibt es drei Arten von Informationen, die für Sie interessant sein können.

- Externe Informationen. Diese fließen von außen in die Firma hinein. Hierzu zählen:
  - Informationen über den Markt, z.B. Bedürfnisse und Vorlieben der Kunden
  - Informationen, die Hinweise auf zukünftige Handelsbedingungen liefern, so z.B. die politische Lage, wirtschaftliche und soziale Trends
  - Informationen über Pläne und Leistungen der Konkurrenz.

- Firmeninformationen. Diese fließen von der Firma nach außen. Zu ihnen zählen z.B.
  - Marketing- und Werbeinformationen
  - Firmenpromotion, die das Bild der Branche prägt sowie Verkauf und Dienstleistung fördert.

- Interne Informationen. Diese zirkulieren innerhalb der Firma und können enthalten:
  - Informationen über Pläne und Ziele der Firma
  - Zahlen und Daten, inwieweit die Firma diese Pläne erfüllt.

Traditionellerweise wird zuviel Augenmerk auf interne Information gelegt. Erst in letzter Zeit werden sich Firmen des enormen Werts von externer und Firmeninformationen sowohl für strategische als auch operationelle Entscheidungen bewußt.

Um Entscheidungen zu treffen, werden Sie wahrscheinlich auf die folgenden drei Arten von Informationsquellen zurückgreifen:

Menschen

Menschen sind im allgemeinen die beste und am leichtesten verfügbare Informationsquelle. Vermutlich sind Sie von Experten verschiedener Gebiete umgeben, z. B.:

- Personalchefs sind Spezialisten in arbeitsrechtlichen Fragen, für Einstellungen etc.
- Buchhalter können bei Budget- und Materialfragen Rat geben.
- Für Sicherheit Verantwortliche können Informationen über Arbeitsschutz und Risikoanalysen liefern.
- Marketingmanager wissen, wie Waren und Dienstleistungen der Firma an die Anforderungen des Kunden angepaßt werden können.

Schriftliche Quellen und Handbücher

Unter Umständen gibt es Berichte oder Bücher, die Sie einsehen können, oder Zeitungsartikel, Statistiken, Briefe oder interne Veröffentlichungen, die Sie lesen sollten.

Informationstechnische Quellen

Dazu zählen Datenbanken, CD-ROMs und das immer wichtiger werdende Internet.

- Datenbanken speichern Unmengen von Daten; die enthaltene Information kann auf unterschiedliche Weise und in unterschiedlichen Zusammenstellungen abgerufen werden. Sie geben Antworten auf eine Reihe verschiedener Managementfragen.

- CD-ROMs (Compact Disc Read Only Memory, nur lesbare CD) speichern riesige Datenmengen in digitaler Form. Häufig sind Jahresberichte, Zeitungen, Wörter- und Lehrbücher etc. auf diesem Medium zu finden.
- Das Internet ermöglicht den Zugriff auf riesige Datenmengen aus der ganzen Welt. Wie effektiv Sie sich auf diese Weise Informationen beschaffen können, hängt von der Qualität Ihrer Hard- und Software ab. (Wenn Sie nicht wissen, wie Sie ins Internet kommen und dort Informationen finden können, beachten Sie die Literaturangabe auf Seite 80.)

Um zu einer guten Entscheidung zu kommen, müssen Sie systematisch vorgehen. So vermeiden Sie eine einseitige Sichtweise und laufen nicht Gefahr, mögliche Aspekte zu vernachlässigen.

- ***Legen Sie konkrete Ziele fest, und unterscheiden Sie dabei zwischen kurz- und langfristigen Zielen.***
- ***Sammeln Sie Informationen, anhand derer Sie die Ausgangssituation und alle Lösungsmöglichkeiten fundiert beurteilen können.***
- ***Greifen Sie auf unterschiedliche Informationsquellen zu, damit Ihr Wissen nicht einseitig ist.***

4. Alternativen erkennen

Wenn Sie mit einer Entscheidungssituation konfrontiert werden, ist es immer verlockend, die offensichtlichste Alternative zu wählen, auch wenn diese Lösung nicht unbedingt die beste ist. Als erfolgreicher Entscheidungsträger müssen Sie lernen, hinter den Vorhang zu blicken, um innovative und kreative Ideen zu entwickeln.

Dieses Kapitel befaßt sich mit einer Reihe von Möglichkeiten, um Alternativen zu erkennen. Wir beginnen mit dem logischen, rationalen Ansatz und kommen später zu den kreativeren Methoden und Techniken.

4.1 Mögliche Lösungen erarbeiten

Dieser dritte Schritt des systematischen Vorgehens bei der Entscheidungsfindung (vgl. Seite 33) liegt darin, alle Optionen aufzulisten. Wenn Sie z. B. in München wohnen und zu einer Sitzung nach Frankfurt müssen, können Sie zwischen folgenden Verkehrsmitteln wählen: Auto, Zug, Reisebus oder Flugzeug. Obwohl Sie so viele Optionen wie möglich finden sollten, ist es doch nicht nötig, alle möglichen Alternativen zu ermitteln. (Theoretisch könnten Sie auch per Taxi oder Fahrrad reisen.) Oft wird das Feld schon durch die Rahmenbedingungen eingeengt, z. B. durch die Vorgabe, daß Ihre Reise nicht lang dauern soll. Nehmen wir an, daß Sie um 10 Uhr in Frankfurt sein müssen, nicht über Nacht bleiben wollen und sich während der Reise auf das Treffen vorbereiten möchten.

Auf welche Lösungen kommen Sie? Neigen Sie dazu, sich auf eine Idee zu versteifen, die Ihnen am besten erscheint?

- Glauben Sie niemals, daß Ihre Liste erschöpfend ist: Vielleicht könnte Sie ja ein Kollege mitnehmen?
- Überprüfen Sie die Einschränkungen. Entsprechen die Beschränkungen den Gegebenheiten? Müssen Sie wirklich um 10 Uhr dort sein?
- Lassen Sie Ihren Gedanken freien Lauf. Nutzen Sie Ihre Phantasie, um auf mehr Alternativen zu kommen. Könnte der Kunde zu Ihnen kommen? Könnten Sie eine Videokonferenz organisieren?
- Schließen Sie unnötige Annahmen aus. Gibt es inhärente Annahmen? Sind z.B. die Reisekosten wirklich unerheblich?

Während Sie nach Alternativen suchen, verstricken sich Ihre Gedanken schnell in fixen Ideen. Es kann z.B. sein, daß Sie darauf beharren, daß Sie an einem Tag hin und zurück müssen. Wenn ein Problem besonders verzwickt ist, werden Ihnen wahrscheinlich eher weniger Optionen in den Sinn kommen. Daher sind die vorherigen Schritte der Zielsetzung, Problemdefinition und Informationsbeschaffung so wichtig.

Nach Festlegung der Ziele und nach der Informationsbeschaffung ist der nächste Schritt der systematischen Entscheidungsfindung, alle Möglichkeiten aufzulisten. Berücksichtigen Sie dabei die Rahmenbedingungen und Einschränkungen.

4.2 Der kreative Ansatz

Wenn Ihnen keine der offensichtlichen Alternativen attraktiv erscheint, mag es sinnvoll sein, mehr Zeit auf Ideenfindung und Informationsbeschaffung zu verwenden.

Neue Lösungen finden
Kreatives Denken ist eine Schlüsseltechnik zur Generierung neuer oder unterschiedlicher Optionen und Problemlösungen. Es befähigt, Situationen auf eine andere Weise zu betrachten, aus einer anderen Perspektive, einem anderen Blickwinkel – von der Seite, von oben, sogar auf dem Kopf stehend. Kreatives Denken ist auf vielerlei Weise das genaue Gegenteil von der logischen, linearen Vorgehensweise, die man früher von Führungskräften bei Problemlösung und Entscheidungsfindung erwartet hat.

Verbreitete Fehleinschätzungen über Kreativität
- Kreativität ist ein Talent, das manche Leute haben und andere nicht. Diese Annahme ist schlicht falsch: Obwohl manche Menschen von Natur aus kreativer sind als andere, besitzt jeder ein kreatives Potential, das sich auch entfalten läßt.
- Neue Ideen kommen zufällig, man kann sie nicht planen. Auch das ist falsch: Es ist möglich, bewußt neue Ideen zu produzieren.
- Kreatives Denken muß verrückt sein, um effektiv zu sein. Falsch: Tatsächlich geht man kreatives Denken am besten auf eine rationale Weise an, denn es sollte ja praxisnahe und umsetzbare Ideen liefern.

- Kreativität ist Aufgabe der Geschäftsleitung. Wieder falsch: In den erfolgreichsten Firmen bestärkt die Geschäftsleitung ihre Mitarbeiter darin, Ideen zu generieren und Probleme zu lösen.
- Nur cleveren Leuten fallen neue Ideen ein. Wieder falsch: Jeder kann und wird auch kreativ sein, wenn er die Gelegenheit dazu erhält.

Jeder kann kreativ sein

Kreativ sind also nicht nur Leute mit besonderen Fähigkeiten oder einer besonderen Ausbildung, die meisten von uns können sich neue Ideen ausdenken. Sollte dies Ihnen (wie den meisten Leuten) schwerfallen, können Sie auf Techniken zurückgreifen. Auch wenn es wie ein Widerspruch klingt: Um Ideen zu generieren, können Sie bestimmte Werkzeuge und Techniken verwenden. Wie lange auch immer jemand über einem Problem brütet, früher oder später trocknen die Ideen aus. Der kreative Ansatz bringt mit Hilfe Ihrer Phantasie andere Gedanken an die Oberfläche.

Techniken für kreative Entscheidungsfindung

Im folgenden stellen wir vier wertvolle Techniken vor, die in Firmen und Organisationen gern zur kreativen Entscheidungsfindung oder Problemlösung verwendet werden. Manche dieser Ansätze sind effektiver, wenn sie von einer Gruppe angewendet werden, andere können von Einzelpersonen genutzt werden. Wir werden uns beschäftigen mit:

- Brainstorming
- Mind Mapping
- Lateralem Denken.

Das kreative Denken hat sich bei der Entscheidungsfindung bewährt. Es fördert Optionen zutage, die man beim logischen Denken nicht berücksichtigen würde. Die verbreitetsten kreativen Methoden sind Brainstorming, Ideenaufschreiben, Mind Mapping und laterales Denken.

4.3 Brainstorming

Vorschnelles Urteilen blockiert die Kreativität. Zwar fallen uns oft neue Lösungsansätze oder Ideen ein, aber wir verwerfen sie von vornherein, weil sie zu teuer, zu ungewöhnlich oder zu unpraktikabel sind. Eine weitere Blockade entsteht durch Engstirnigkeit. Uns entgehen Alternativen, weil wir gewohnt sind, die Dinge auf eine bestimmte Art und Weise zu sehen. Brainstorming (engl. brainstorm: Gedankenblitz) hilft uns dabei, diese Barrieren bei der Suche nach neuen Ideen zu überwinden. Wesentlich beim Brainstorming ist, daß Sie Ihrer Phantasie freien Lauf lassen, nicht länger innerhalb festgefügter Grenzen denken. Sie können diese Methode sogar allein, ohne die Hilfe anderer, anwenden.

So gehen Sie vor

1. Der Gesprächsleiter legt das Problem oder die Entscheidungsituation dar, definiert die Ziele und stellt diese den Teilnehmern vor.
2. Die Teilnehmer werden gebeten, Ideen vorzuschlagen, die in einem Zusammenhang mit dem Problem stehen. Sie werden ermutigt, in ihrem Denken so frei wie möglich vorzugehen.

3. Der Schriftführer notiert alles, was gesagt wird – am besten auf einem Flip-chart.
4. Unterbrechungen oder Diskussionen sind nicht erlaubt, da diese den freien Ideen- und Assoziationsfluß unterbrechen würden. Auf keinen Fall dürfen Vorschläge bewertet werden.
5. Wenn das Brainstorming abgeschlossen ist, werden alle Vorschläge und Ideen kategorisiert und ausgewertet. An diesem Punkt legt die Gruppe eine Auswahlliste der am ehesten umsetzbaren Vorschläge an.

Beispiel
Um einen Eindruck davon zu gewinnen, wie diese Technik funktioniert, sollten Sie es zunächst mit einem relativ unwichtigen Thema versuchen. Dies können Sie entweder allein, besser aber in einer Gruppe probieren. Beantworten Sie unter Berücksichtigung der oben genannten Regeln die Frage: „Wofür kann man Büroklammern verwenden?“ Anschließend diskutieren Sie das Ergebnis mit Ihren Kollegen. Stellen Sie sich dabei folgende Fragen:

- Auf wieviele Ideen sind Sie während der fünf oder zehn Minuten, die das Brainstorming dauerte, gekommen? Eine lange Liste deutet darauf hin, daß Sie alle möglichen Gedanken haben einfließen lassen – egal wie verrückt oder unpraktikabel sie auch scheinen mögen.
- Wie groß ist die Bandbreite der Ideen? Frühere Brainstormings zu dieser Frage ergaben so ziemlich alles von Küchenhilfen bis zu Waffen, von Skulpturen bis hin zu Schmuck. Je abwechslungsreicher

Ihre Liste ist, desto erfolgreicher haben Sie das Problem der Engstirnigkeit überwunden.

- Denken Sie über die verrückten Vorschläge nach. Obwohl diese nicht umsetzbar sein mögen, können sie oft neue Gedankengänge hervorrufen oder die Gruppe dazu bringen, sich unerforschten Gebieten zuzuwenden. Es erscheint z.B. vielleicht merkwürdig, aus Büroklammern Schmuck zu formen, aber man könnte sie durchaus für ein Spielzeug oder bei einer Verkleidung benutzen. Je freier Sie Ihre Gedanken fließen lassen, desto eher kommen Sie auf ungewöhnliche und dennoch praktikable Möglichkeiten.

Ideen zusammenfassen

Der nächste Schritt bestünde darin, zusammenhängende Ideen in Gruppen zusammenzufassen; das Ergebnis wären Kategorien ähnlicher Ideen. An dieser Stelle können auch Unklarheiten beseitigt werden („Was meinten Sie mit ...“), Bewertung oder Kritik dürfen aber auch jetzt nicht geäußert werden.

Vorschlagliste erstellen

Sind die Vorschläge der Gruppe einmal sortiert, können Sie diejenigen streichen, die alle Teilnehmer für unrealistisch halten. Achten Sie aber darauf, nicht jeden Vorschlag herauszunehmen, der in nur einer Hinsicht unzulänglich ist – man kann ihn vielleicht ausbauen oder mit anderen, ähnlichen Ideen zusammenpacken, so daß Sie eine praktikable Option bekommen. Am Ende Ihrer Diskussion sollten Sie eine Auswahlliste mit etwa drei bis vier Vorschlägen haben.

Mit Hilfe des Brainstormings gelingt es oft, ungewöhnlichere Lösungsmöglichkeiten zutage zu fördern. Diese Methode ermutigt, alle Gedanken zu einem Thema spontan zu äußern, ohne sie zu bewerten. Nach dem anschließenden Ordnen und Aussortieren erhalten Sie kreative und praktikable Lösungen für die Entscheidungssituation.

Variante: Ideen aufschreiben

Diese Technik ist dem Brainstorming sehr ähnlich, nur schreibt hier jeder Teilnehmer seine Vorschläge auf ein Blatt Papier statt sie laut zu äußern. Dieses Vorgehen wird von Leuten bevorzugt, die ihre Gedanken gerne im Alleingang entwickeln und Gruppenarbeit ablenkend finden.

Die Vorschläge können auch auf selbstklebenden Notizzetteln vermerkt werden. Das hat den Vorteil, daß man die Zettel leicht an eine Tafel kleben kann, so daß jeder Teilnehmer sie sieht und man sie schnell in Kategorien zusammenfassen kann. Das weitere Vorgehen ist wie beim Brainstorming: Die Gruppe diskutiert und entscheidet sich für einige Varianten.

4.4 Mind Mapping

Die Technik des Mind Mapping (zu deutsch etwa: eine Karte der Gedanken erstellen) wurde von Tony Buzan entwickelt, um Denkweisen und -wege sowie Informationen aufzulisten und zu verbessern.

- Vertrauen Sie neuesten wissenschaftlichen Erkenntnissen über die Arbeitsweise des menschlichen Gehirns, die zeigen, wie wichtig die Verwendung von Farben, Bildern und Schlüsselbegriffen bei freier Assoziation ist.

- Nutzen Sie beim Mind Mapping beide Hälften Ihres Gehirns – die logische linke Seite und die phantasievolle rechte Seite. Untersuchungen von Neurologen haben ergeben, daß die linke Seite auf Logik, Wörter, Argumentation, Zahlen, Analysen spezialisiert ist, während die rechte für Gebiete wie Rhythmus, Bilder, Phantasie, Farbe, Tagträume oder Muster zuständig ist.
- Produzieren Sie Ideen lieber auf eine Art, die die Vorgehensweise des Gehirns widerspiegelt, als auf die gewohnte vertikale und logische Weise. Ideen werden daher als farbige Bilder und in Schlüsselbegriffen dargestellt, die von einem zentralen Thema abzweigen. Diese bildhafte Darstellung bezieht die rechte Gehirnhälfte mit ein.

Beispiel

Die Mind Map auf der folgenden Seite entstand zur Frage „Wofür kann man Büroklammern verwenden?“

1. Die Erstellerin begann mit einem farbigen Bild des Kernthemas in der Mitte – dem Ausgangspunkt ihrer Überlegungen.
2. Dann ließ sie ihre Gedanken frei um dieses Bild fließen. Zunächst vermerkte sie ihre Hauptideen auf einer dicken, geschwungenen Linie, die mit dem zentralen Thema verbunden war.
3. Dann fügte sie eine zweite Gedankenebene hinzu, die mit dem Stamm verbunden ist, der sie erzeugt hatte. Diese Linien sind dünner als die Hauptzweige,

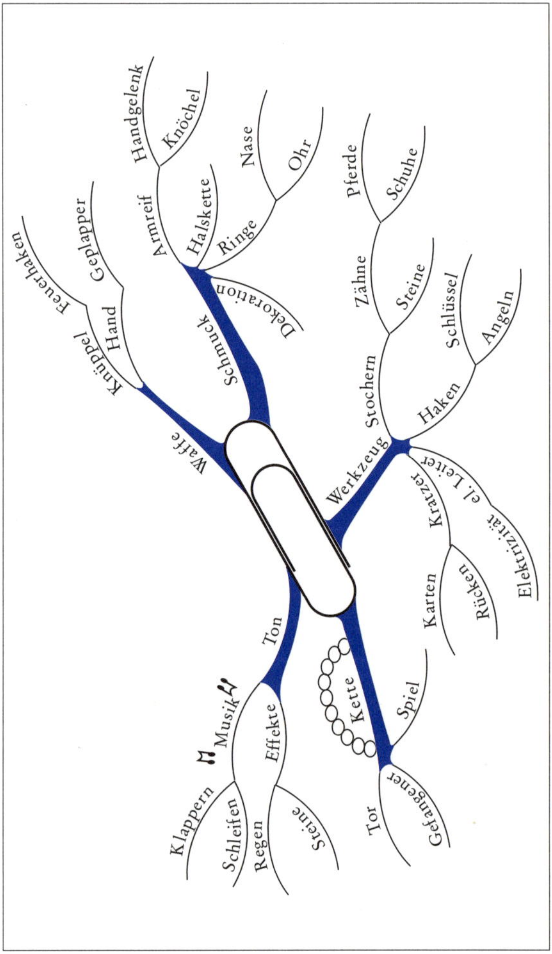

Mind Map zur Frage: „Wofür kann man Büroklammern verwenden?“

wieder werden die Ideen aufgeschrieben oder durch Symbole verdeutlicht.

4. Eine dritte und vierte Ebene mit weiteren Unterpunkten kam hinzu.

Mind Maps regen Ihr Gehirn dazu an, eine ganze Palette miteinander verbundener Informationen zusammenzufügen. Die Kombination von Bildern, Farbe und Worten aktiviert beide Gehirnhälften. Häufig endet der Vorgang des Mind Mappings entweder direkt in einer Entscheidung, oder er ruft eine hervor.

Mind Mapping ist eine kreative Arbeitsmethode, mit der sich Themen übersichtlich und systematisch bearbeiten lassen. Durch die Kombination von Bild- und Textelementen in den Mind Maps werden beide Gehirnhälfen aktiviert.

4.5 Laterales Denken

Der Begriff des lateralen Denkens wurde 1969 von Edward de Bono geprägt. Während das konventionelle vertikale Denken eine Ausgangsposition erfordert, auf deren Grundlage Sie einen Gedankengang logisch aufbauen, können Sie sich durch laterales Denken seitlich bewegen, unterschiedliche Blickwinkel und viele Seiteneinstiege ausprobieren.
De Bono bietet eine Vielzahl an Techniken und Ansätze, um laterale Lösungen für Probleme zu finden. Wir beschreiben hier eine verbreitete Vorgehensweise.

Gängige Ideen erkennen

Diese Technik erlaubt uns einen kritischen Blick auf Annahmen, die nicht notwendigerweise gültig sind. De Bono geht davon aus, daß die Beschränkungen einer Situation durch fünf Faktoren definiert werden:

1. Dominierende Ideen. Diese beherrschen (implizit oder explizit) die gesamte Herangehensweise an ein Thema. Beispiele: „Wir verkaufen hochwertige Füllfederhalter", „Diese Abteilung kümmert sich um das Wohlergehen der Firmenangestellten", „Meine Aufgabe besteht in der Bearbeitung und Abrechnung von Kundenbestellungen".

2. Entscheidende (knebelnde) Faktoren. Diese Faktoren zwingen Sie in einen bestimmten Handlungsverlauf, obwohl sie manchmal eher unbedeutend sind. So könnte z. B. der Vorschlag einer Änderung der Einstellungspolitik davon bestimmt werden, daß die Firma enge Verbindungen zu umliegenden Schulen oder Universitäten pflegt.

3. Polarisierende Tendenzen. Diese Beschränkungen verbergen sich hinter „entweder/oder"-Aussagen. Danach ist eine Firma entweder Hersteller neuer oder Importeur fertiger Waren. Polarisierende Faktoren schließen einen Mittelweg aus – z. B. eine Firma, die teilgefertigte Waren zusammensetzt.

4. Grenzen. Diese bilden den Rahmen, in dem das Problem gesehen werden soll. Einschränkung kann so ziemlich alles sein: „Wir verkaufen nur in Deutschland", „Wir sind eine kleine Firma". „Wir wollen keine Anteile auf dem offenen Markt verlieren".

5. *Annahmen.* Annahmen sind die Ziegelsteine, aus denen Beschränkungen errichtet werden, also sollten auch sie überprüft werden. Wir dürfen z.B. nicht annehmen, daß uns nicht auch ausländische Märkte offen stehen, daß die Firma nicht fähig ist, zu expandieren, oder daß sich niemand für eine Neugründung interessieren würde.

Edward de Bono merkte an, daß es niemals möglich ist, sämtliche Einschränkungen zu berücksichtigen. Wenn Sie sie jedoch wie hier logisch auflisten, wird Ihnen der Käfig, in dem Sie sich bewegen, sicherlich bewußter.

Während Logik sich mit „der Wahrheit" beschäftigt, mit dem, was ist, behandelt laterales Denken eher die Möglichkeiten: mit dem was sein könnte. Darüber hinaus geht es beim lateralen Denken um das Sichtbarmachen und Verändern von Blickweisen und Vorstellungen.

Ein sehr wichtiger Schritt bei jeder Entscheidungsfindung ist, alle Lösungsmöglichkeiten zu erkennen.

- ***Listen Sie alle Optionen auf, die Ihnen einfallen.***
- ***Mit Hilfe kreativer Techniken – Brainstorming, Mind Mapping und lateralem Denken – werden Sie fähig sein, auch ungewöhnlichere Varianten zu erarbeiten.***

5. Sich für eine Möglichkeit entscheiden

Dieses Kapitel behandelt die letzten beiden Schritte des systematischen Vorgehens: Um eine vernünftige Entscheidung treffen zu können, müssen Sie die Alternativen auswerten und anschließend die beste auswählen. Im folgenden werden wir darüber sprechen, wie Ihre Entscheidungen von Ihren Anschauungen, Werten und Überzeugungen beeinflußt werden. Wir werden ebenfalls einen Blick auf eine Reihe von Methoden werfen, mit deren Hilfe man die jeweils beste Möglichkeit ermittelt.

5.1 Optionen auswerten

Sie haben bereits einige Lösungsmöglichkeiten erarbeitet; der nächste Schritt der Entscheidungsfindung liegt nun darin, die brauchbarsten herauszufiltern. Bei dringenden oder Routineentscheidungen sollten Sie dies selbst vornehmen, damit die Auswertung schnell und informell vonstatten geht. Legen Sie Ihre Erfahrung und den gesunden Menschenverstand zugrunde. Wenn Sie ungern persönliche Verantwortung übernehmen, könnte es Sie trösten, daß sich etwa 40 Prozent der Entscheidungen, die von Führungspersonen getroffen wurden, auf irgendeine Weise als falsch herausstellen. Nur erstklassige Persönlichkeiten werden dies zugeben! Überwinden Sie daher Ihre Bedenken; wichtig ist, überhaupt eine Entscheidung zu treffen.

Folgende Kriterien können Sie – besonders bei problematischen oder bedeutsamen Entscheidungen berücksichtigen:

- Durchführbarkeit
- Annehmbarkeit
- Risiko.

Durchführbarkeit

Ob eine Alternative durchführbar ist, können Sie anhand der folgenden Punkte prüfen:

1. Erforderliche Fähigkeiten bei der Umsetzung: Verfügen Sie über genügend Fachwissen, um die Folgen einer bestimmten Entscheidung in den Griff zu bekommen? Können Sie dem vorhandenen Personal dabei helfen, neue Fähigkeiten zu erlernen, oder müssen neue Leute mit den entsprechenden Qualifikationen eingestellt werden? Müssen Sie Schulungen für die Mitarbeiter durchführen?
2. Auswirkungen auf die Kapazität der Firma: Verfügen Sie für die Umsetzung der entsprechenden Alternative über genügend Reserven an Mensch und Material? Eine Möglichkeit zur Beantwortung dieser Frage ist, den zu erwartenden Arbeitsaufwand abzuschätzen. Vergleichen Sie diesen mit Ihrem momentanen Aufwand, und machen Sie sich so ein Bild davon, was Sie zusätzlich leisten müßten.
3. Finanzielle Anforderungen: Dies ist meist das wichtigste Kriterium für die Durchführbarkeit einer Alternative. Firmen müssen im Vorfeld überlegen, ob sie sich die Umsetzung einer Option überhaupt leisten können. Unterschiedliche Kosten sind dabei zu berücksichtigen:

- Geldmittel, einschließlich einmaliger und laufender Kosten sowie Zinsen aus Darlehen
- nicht-monetäre Kosten

- Gelegenheitskosten: das sind Kosten, die dadurch entstehen, daß Sie einer Option den Vorzug vor einer anderen geben.

Annehmbarkeit

Die Annehmbarkeit einer Alternative wird durch das Ausmaß festgelegt, in dem es die eigentlichen Ziele der Entscheidung erfüllt. Wenn Sie z.B. ein Büro neu organisieren möchten, könnten Sie dabei folgende Zielvorstellungen haben:
- einen effizienteren Arbeitsablauf
- bessere Kommunikation
- Platz für neue Ausstattung
- eine entspanntere Atmosphäre.

Ihre Ziele liefern Ihnen die Kriterien, anhand derer Sie die Annehmbarkeit einer bestimmten Option messen können. Diejenige, die Sie auswählen, wird am ehesten den gewünschten Vorstellungen entsprechen.

Risiko

Eine der direktesten Arten, ein Risiko zu analysieren, liegt in der einfachen Abschätzung des schlimmstmöglichen Ergebnisses einer Option – Sie schätzen das Risiko nach unten ab, wie man oft sagt. Wollen Sie die Konsequenzen dieses Risikos eingehen, dann können Sie die Alternative annehmen. Ist Ihnen jedoch das Risiko zu groß, werden Sie die Option verwerfen.
Entscheidungsmodellierung ist eine raffiniertere Technik der Risikoanalyse. Ein Entscheidungsmodell organisiert und formalisiert die zur Verfügung stehenden Informationen, so daß der subjektive Einfluß individueller Betrachtungsweise verringert wird.

Entscheidungsmodelle kann man auf einem Computer oder von Hand entwerfen und darstellen als:
- Flußdiagramm
- Netzwerkdiagramm
- Entscheidungsbaum.

Die vereinfachte Abbildung eines Entscheidungsbaums (Abbildung auf gegenüberliegender Seite) zeigt das mögliche Ergebnis bei einer komplexen Entscheidung. Dieser Entscheidungsbaum wurde von einer neugegründeten Public Relations-Agentur erstellt, um zu entscheiden, ob sie Geschäftsräume anmieten oder von zu Hause aus arbeiten soll.

Um zwischen mehreren Alternativen die für Ihre Situation geeignetste Option auszuwählen, sollten Sie folgende Kriterien heranziehen: Durchführbarkeit, Annehmbarkeit und Risiko. Als Techniken zum Vergleich der Lösungsmöglichkeiten bieten sich Diagramme oder ein Entscheidungsbaum an.

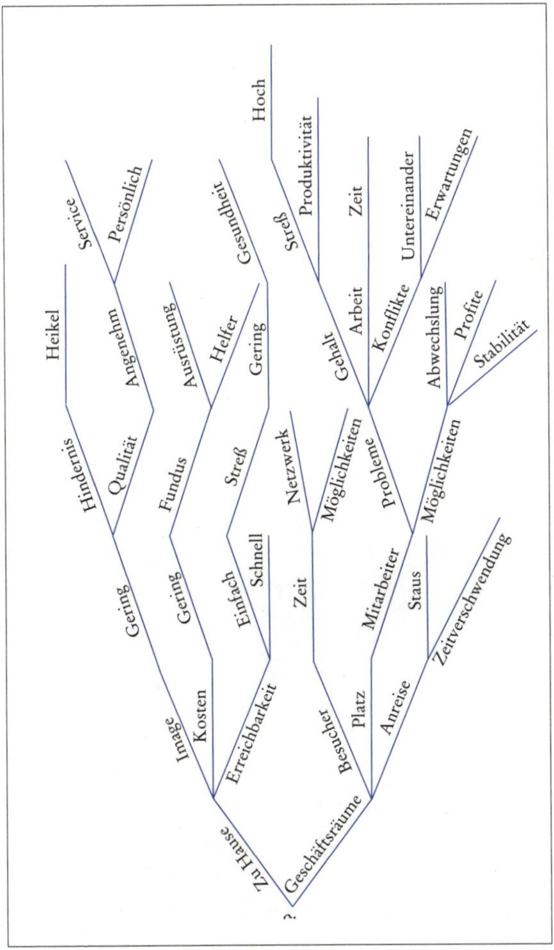

Entscheidungsbaum zur Frage:
„Sollen Geschäftsräume angemietet werden?"

5.2 Individuelle Wahrnehmung

Wie sehr wir uns auch anstrengen mögen, objektive Entscheidungen zu treffen – es ist fast unmöglich, die eigenen Wahrnehmungen und Wertvorstellungen außen vor zu lassen. Problematisch daran ist, daß jeder seine eigene Wahrnehmung zugrunde legt.

Was erkennen Sie?
Nehmen Sie als Beispiel das untenstehende Bild. Sehen Sie eine junge, gutgekleidete Frau oder eine ältere, arme Frau? Oder können Sie beide sehen?

Von W. E. Hill in Puck, 6. November 1915

Wenn Sie eine Entscheidung treffen müssen, entsteht das Bild, das Sie sich von der Situation machen, durch eine ganze Reihe von Faktoren, z. B.:

- Ihre Erfahrungen und Intelligenz
- Ihre Wertvorstellungen und Anschauungen
- Ihre Persönlichkeit und Interessen
- Ihre Ziele und Erwartungen.

Diese Faktoren verleiten Sie unter Umständen dazu,

- Annahmen zu machen, die sich auf frühere Erfahrungen gründen
- Fakten auszublenden, die nicht Ihrer Sichtweise einer Situation entsprechen
- den negativen (oder positiven) Aspekten einer bestimmten Entscheidung gegenüber blind zu sein
- zu sehen, was Sie zu sehen erwarten.

Beispiel

Drei Führungskräfte wurden befragt, was sie von einer Verringerung der Überstunden halten würden.

- Der erste befürwortete den Vorschlag, da die Mitarbeiter mit Nichtstun Stunden sammeln würden.
- Der zweite sah darin eine unvernünftige Forderung, welche den Mitarbeitern eine Errungenschaften wegnehmen würde.
- Der dritte hatte keine Einwände, befürchtete jedoch, daß es in der Zukunft zu weiteren Einschnitten kommen könnte.

Um bei der Entscheidungsfindung so objektiv wie möglich zu sein, sollten Sie sich der Mechanismen bewußt sein, die Sie zur Informationsbeurteilung anwenden.

Jeder beurteilt eine Situation anders als der nächste, da jeder seine indivuduelle Wahrnehmung zugrunde legt. Diese wird geprägt durch die Persönlichkeit, Erfahrungen und Wertvorstellungen.

5.3 Wertvorstellungen

Ihre Werte werden von Ihren Anschauungen geprägt, und Ihre Anschauungen sind wiederum von zwei Hauptfaktoren abhängig:

- Ihrer Umgebung – sowohl ehemaliger als auch gegenwärtiger
- Ihrer Erfahrung – Erfolge und Fehlschläge.

Es ist nicht schwer, sich die Umgebung und Erfahrungen vorzustellen, die folgende Aussagen geprägt haben: „alle Menschen haben das Potential, sich in etwas hervorzutun", „wir können den Lauf der Dinge nicht verändern", „ich behandele meine Mitarbeiter so, wie ich selbst behandelt werden möchte", „eine Veränderung wird mir und meinem Team die Möglichkeit geben, zu zeigen, was in uns steckt" „den Bossen geht es nur um sich selbst – die Mitarbeiter sind ihnen egal".

Wenn eine gewisse Anzahl solcher Anschauungen auf einen bestimmten Lebensbereich einwirkt, entstehen Wertvorstellungen. Hat sich solch ein Wertesystem erst einmal etabliert, hat es großen Einfluß auf Ihre Beurteilungen und Entscheidungen. Ihre persönlichen Wertvorstellungen und Anschauungen helfen dabei, Prioritäten zu setzen.

Organisatorische Wertvorstellungen
Die Bedeutung klarer organisatorischer Wertvorstellungen wird am ehesten bei einem Blick darauf deutlich, was passiert, wenn es keine gibt. Es gibt dann keine gemeinsamen Absichten und nichts, um die Entscheidungsfindung zu leiten oder zu kanalisieren.
Ein Beispiel zur Verdeutlichung: Der Vorstand einer Restaurantkette besteht aus fünf Mitgliedern, deren Wertvorstellungen unklar und unausgesprochen sind. Wenn zwei von ihnen dieselbe Filiale inspizieren würden, wären ihre Berichte manchmal widersprüchlich, weil jeder andere Prioritäten bei der Inspektion setzen würde. Der Filialleiter würde ihre Berichte verwirrend finden, weil er nicht wüßte, welche Strategie als nächstes angeordnet würde.

Sorgsam gewählte organisatorische Wertvorstellungen sollten:
- einen klaren Blickwinkel für die Entscheidungsfindung bieten
- eine Atmosphäre des Vertrauens schaffen
- jedem dabei helfen, Prioritäten für die eigene Arbeit zu setzen
- die Richtung der generellen Firmenpolitik vorgeben
- Intrigen und Mauscheleien verringern.

Ihre Wertvorstellungen werden durch Ihre Anschauungen geprägt, die wiederum von Ihrer Umgebung und Ihren Erfahrungen abhängig sind.
Wird eine Entscheidung von einer Gruppe getroffen, muß diese ähnliche Wertvorstellungen haben.

5.4 Auswahl der besten Alternative

Dieser letzte Schritt des systematischen Vorgehens wird Ihnen durch einige Techniken erleichtert.

Abwägen von Für und Wider

Dies ist die wahrscheinlich verbreitetste Methode, um zu einer Entscheidung zu kommen. Sie besteht darin, die Vor- und Nachteile verschiedener Optionen aufzulisten und dann diejenige mit den meisten Vorteilen auszuwählen. Wenn sich bei diesem Vergleich immer noch keine Entscheidung anbietet, müssen Sie im nächsten Schritt die einzelnen Vor- und Nachteile nach ihrer relativen Bedeutung gewichten, indem Sie eine Skala von ein bis zehn Punkten verwenden. Die Option mit den meisten Punkten gewinnt.

Ein Beispiel: Der Geschäftsführer einer kleinen Firma wägt die Vor- und Nachteile ab, in größere Geschäftsräume umzuziehen.

- Für: wir haben mehr Platz für Geräte (5); wir können neues Personal einstellen (8); neue Büroräume hinterlassen bei den Kunden einen besseren Eindruck (8); wir können unser Angebot an Dienstleistungen erweitern (7); es wäre eine angenehmere Arbeitsatmosphäre (7).
- Wider: steigende Kosten (9); der Umzug kostet wertvolle Zeit (6); wir müßten unser Kerngeschäft für eine Weile vernachlässigen (8); die neuen Büroräume sind nicht so gemütlich und freundlich wie die momentanen (5).

Diese Gegenüberstellung würde mit 35 zu 28 Punkten zu einer Entscheidung für den Umzug führen.

Konsens suchen

Um einen Konsens zu finden, müssen Sie die Diskussion über verschiedene Alternativen so lange fortführen, bis Sie eine Übereinstimmung erzielen. Dieser Ansatz kann erst dann funktionieren, wenn:

- jeder ehrlich und ohne falsche Bescheidenheit seine Ansichten und Meinungen äußert
- alle Teilnehmer auch tatsächlich die Chance bekommen, zu sagen was sie denken
- jeder das Treffen mit dem Gefühl verläßt, daß die Entscheidung das Resultat einer angemessenen Diskussion und Einigung ist.

Abstimmung

Diese Methode wird gerne verwendet, wenn kein Konsens gefunden werden kann. Sie sollten nur dann abstimmen, wenn Sie sicher sind, daß sich jeder auch für das so getroffene Ergebnis einsetzen wird.

Beispiel

Mehrere Mitarbeiter diskutieren das Farbschema, das für das neue Firmenlogo vorgesehen ist. Sabine bevorzugt blau/grün, da sie der Ansicht ist, diese Farben würden Effizienz, Qualität und Verläßlichkeit vermitteln. Peter hingegen ist überzeugt, daß orange/rot besser sei, da diese Töne für Menschlichkeit und Flexibilität stünden. Der Rest der Gruppe folgt ihrer Diskussion und hört die beiden Gegner jeden einzelnen Punkt ausfechten und zu keinem Ergebnis kommen. Kurz bevor die

Situation ausweglos wird, schlägt Bernd vor, sie sollten abstimmen. Ohne zu zögern, stimmen alle bis auf Sabine für das orange/rote Logo.

Kategorisierung
Diese Technik wird meist nach einem Brainstorming (vgl. Seite 49) angewendet, wenn eine Gruppe mit einer großen Menge von Vorschlägen hantieren muß – von denen manche völlig verrückt sein mögen, andere wiederum relativ herkömmlich. Die Vorschläge werden in Kategorien gruppiert – am besten unter verschiedenen Überschriften. Sie können diese Kategorien entweder verwerfen oder zu praktikablen Optionen ausarbeiten. Der Vorteil dieses Verfahrens liegt darin, daß Sie vielversprechende, aber noch nicht ganz ausgereifte Ideen kombinieren oder anpassen können.

Verhandlung
- Wenn ich gewinne, verlieren Sie.
- Wenn Sie verlieren, gewinne ich.
- Wenn wir verhandeln, gewinnen wir beide!

Verhandlung ist eine Möglichkeit, zu einem Kompromiß zu kommen. Diese Methode empfiehlt sich, wenn zwei Parteien mit gegensätzlichen Ansichten zu einer Entscheidung kommen müssen, die für beide Seiten akzeptabel ist. Verhandelt wird häufig bei Gehaltserhöhungen und bei der Festlegung des Jahresbudgets. Stellen Sie sicher, daß die Abstriche auf einem Gebiet durch Gewinne an anderer Stelle wettgemacht werden. Das Ziel von Verhandlungen ist, daß beide Seiten mit dem Ergebnis zufrieden sind.

Die folgenden Fragen können Sie als Checkliste zur Vorbereitung einer Verhandlung verwenden:

1. Was will ich erreichen?
2. Wie groß ist im Zweifelsfall meine Kompromißbereitschaft?
3. Auf welche Position ziehe ich mich zurück?
4. Was will die andere Seite erreichen?
5. Wie stelle ich sicher, daß die andere Partei zumindest einen Teil ihrer Wünsche realisieren kann?

Um die für Ihre Situation beste Option auszuwählen, bieten sich folgende Techniken an: Abwägen von Für und Wider, Konsens suchen, Abstimmung, Kategorisierung oder Verhandlung. Entscheiden Sie vor jeder Entscheidungsfindung erneut, welche Methode sich im konkreten Fall eignet.

Eine letzte Checkliste

Bevor Sie Ihre Entscheidung verkünden, sollten Sie folgendes überprüfen:

- Sind Sie glücklich mit Ihrer Entscheidung, haben Sie Vertrauen in sie? Wenn nicht, wie können Sie Ihre Bedenken beseitigen?
- Ist die Entscheidung für Ihren Vorgesetzten akzeptabel? Was können Sie ihm alternativ anbieten?
- Ist die Entscheidung für Ihre Kollegen akzeptabel? Wie können Sie sie überzeugen?
- Stellt die Entscheidung einen gefährlichen Präzedenzfall für zukünftige Entscheidungen dar? Wenn ja, was werden die Implikationen sein?

- Haben Sie alle Möglichkeiten bedacht? Wenn nicht, ist es jetzt noch nicht zu spät, dies nachzuholen.
- Haben Sie alle Konsequenzen Ihrer Entscheidung erwogen? Wenn nicht, sollten Sie ein wenig Zeit darauf verwenden, die Folgen Ihres Vorschlags abzuschätzen.

5.5 Umsetzung der Entscheidung

Natürlich endet Ihre Arbeit nicht mit dem Fällen einer Entscheidung. Sie müssen überprüfen, ob sich die Dinge so entwickeln, wie Sie es vorausgesehen haben.

- Wenn Sie die Sache weiterhin beobachten, zeigen Sie anderen, daß Sie die Entscheidung mit der nötigen Ernsthaftigkeit getroffen haben und dazu entschlossen sind, sie zum Laufen zu bringen.
- Entscheidungen haben oft unvorhergesehene Konsequenzen. Sie können nicht immer absehen, wie sich eine bestimmte Handlungsweise entwickeln wird, ob Ihre Auswahl wirklich die richtige war.
- Durch Beobachtung lernen Sie sowohl aus Ihren Fehlern als auch aus Ihren Erfolgen. Ihre Fähigkeit, Entscheidungen zu treffen, wird mit der Erfahrung größer.

Wenn Sie falsch entschieden haben

Wenn sich eine Entscheidung als falsch herausstellt, sollten Sie nicht verzweifeln. Wir alle treffen gelegentlich unzureichende Entscheidungen – egal wie sehr wir uns darüber den Kopf zerbrochen haben. Es ist wichtig, den Fehler einzugestehen und bereit zu sein, die Entscheidung zu ändern, wenn sie nicht funktioniert. Manchmal kann dies bedeuten,

- seine Zielvorstellungen zu überdenken
- das Problem neu zu definieren
- mehr Informationen zu sammeln
- Optionen zu finden, die Sie vorher nicht berücksichtigt haben
- die Optionen erneut auszuwerten.

Zögern Sie nicht, Ihre Kollegen oder Vorgesetzte um Rat und Hilfe zu bitten. Verantwortung macht gelegentlich einsam, und Sie sollten sich daher nach Leuten umsehen, die Sie unterstützen können.

Sie werden eine gute Entscheidung treffen, wenn Sie sorgfältig die geeignete Option auswählen.

- ***Werten Sie die einzelnen Möglichkeiten aus, inwiefern sie sich durchführen lassen, welche Risiken mit ihnen verbunden sind.***
- ***Bei der konkreten Auswahl können Sie auf bewährte Techniken (z. B. Abwägen von Für und Wider, Abstimmung etc.) zurückgreifen.***
- ***Setzen Sie Ihre Entscheidung in die Tat um, und beobachten Sie, ob sie sich bewährt.***

Register

Eigene Notizen

....

....

....

....

....

....

....

....

....

....

....

....

....

....

....

Kopiervorlage einer Mind Map für Ihre Entscheidungssituation

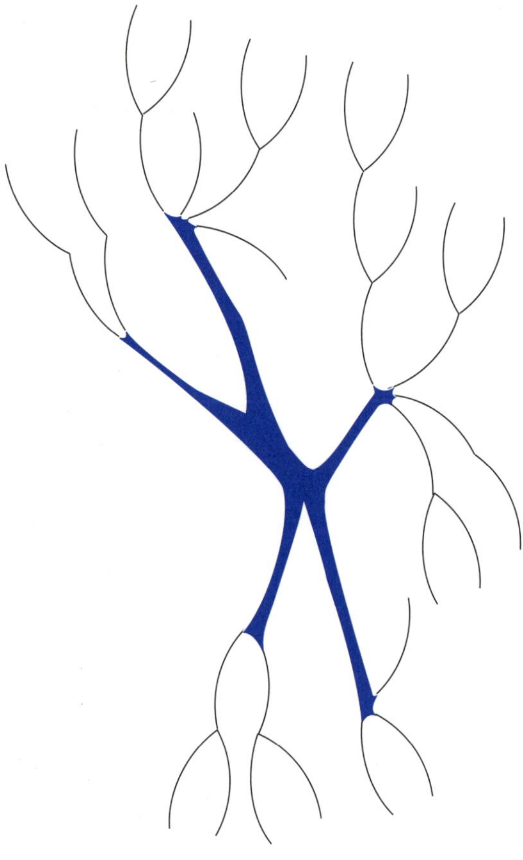